BEI GRIN MACHT SICH IHR WISSEN BEZAHLT

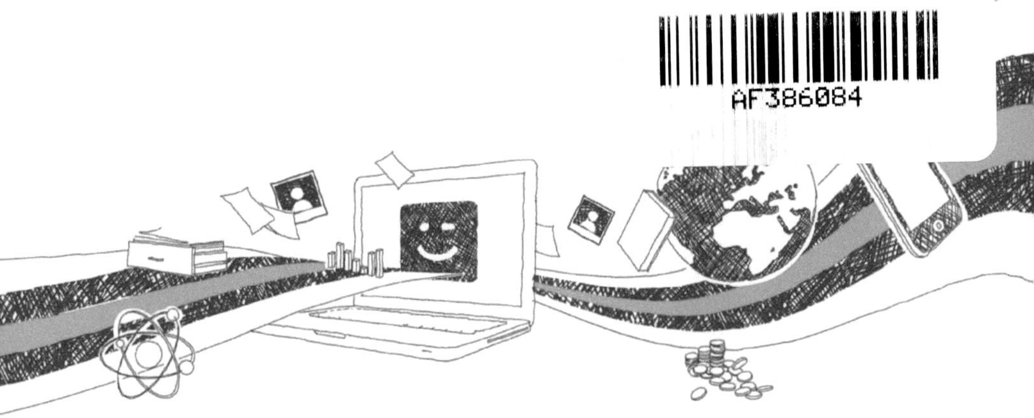

- Wir veröffentlichen Ihre Hausarbeit, Bachelor- und Masterarbeit

- Ihr eigenes eBook und Buch - weltweit in allen wichtigen Shops

- Verdienen Sie an jedem Verkauf

Jetzt bei www.GRIN.com hochladen und kostenlos publizieren

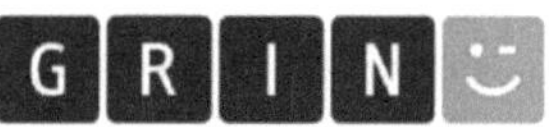

Bibliografische Information der Deutschen Nationalbibliothek:

Die Deutsche Bibliothek verzeichnet diese Publikation in der Deutschen National-
bibliografie; detaillierte bibliografische Daten sind im Internet über http://dnb.d-
nb.de/ abrufbar.

Impressum:

Copyright © 2014 GRIN Verlag, Open Publishing GmbH
Druck und Bindung: Books on Demand GmbH, Norderstedt Germany
ISBN: 978-3-668-00558-7

Dieses Buch bei GRIN:

http://www.grin.com/de/e-book/301919/frank-millers-sin-city-als-comicverfilmung-
und-film-noir-farbliche-vorhoelle

Lilia Becker

Frank Millers "Sin City" als Comicverfilmung und Film Noir. Farbliche Vorhölle oder "diegetic limbo"

GRIN Verlag

Humboldt-Universität zu Berlin
Philosophische Fakultät III
Institut für Kunst- und Bildgeschichte
Superman und das Malteserkreuz – Einführung in die Filmanalyse für
KunsthistorikerInnen am Beispiel von Comicverfilmungen
Modul: Moderne und Gegenwart
Semester: WiSe 13/14
Abgabetermin: 31.03.2014

Farbliche Vorhölle oder *diegetic limbo*

Lilia Becker

Kunst- und Bildgeschichte (K, 4.Fachsemester)
Kulturwissenschaften (Z, 4.Fachsemester)

Inhaltsverzeichnis

Der Film *Sin City* kam am 01. April 2005 in die amerikanischen Kinos. Er basiert auf drei Teilen der gleichnamigen Graphic Novel von Frank Miller. Das sind *The Hard Goodbye*, *The Big Fat Kill* und *That Yellow Bastard*. Handlung von Intro und Outro stammen aus der Kurzgeschichte *The Costumer is Always Right*. Die ursprünglich dreizehn bändige Comicreihe erschien bei Dark Horse Comics von April 1991 bis Juni 1992. Für dieses Werk hat Frank Miller insgesamt 11 Mal den renommierten „Eisner Award" gewonnen.

Frank Miller soll die ersten Ideen für diese Comicreihe im Alter von 12 Jahren gehabt haben. Die Comics zeichnen sich durch einen ganz besonderen Stil ab. Sie sind sehr düster. Licht und Schatten spielen eine bedeutende Rolle. Seine Inspirationen soll der US-Amerikaner aus den Film Noir der Vierziger Jahren bekommen haben. Bei der Verfilmung seines Werkes hat er zusammen mit Robert Rodriguez Regie geführt. Als Gastregisseur Quentin Tarantino. Der Film wurde von Elizabeth Avallán, Frank Miller und Robert Rodriguez produziert.

Sin City ist in dem Genre des Film Noir einzuordnen. Eine treffende Beschreibung dazu gibt Norbert Grob :

> Film Noir – das impliziert unabwendbar Stil und
> Stimmung, aber zuallererst eine besondere
> Sichtweise auf die Welt, eine pessimistische,
> zynische oder nihilistische Sichtweise. Die Filme
> entwerfen ein Universum der Verdammnis, das
> durchdrungen ist von einer Aura der Vergeblichkeit.
> Alles Tun – wie auch das Fühlen und Denken –
> mündet in Katastrophen, in Fehltritten oder
> Niederlagen. Das Vertrauteste wird fremd, das
> Lichte düster und schwarz. Die schönsten
> Träume verwandeln sich in Albträume.
> Und nirgends ein Ausweg.[1]

(Ba)sin City ist so ein Ort. Die Handlungen des Films spielen in der Stadt Basin City.

---

1 GROB, 2008, Seite 9

Durch Kugeln auf dem Ortsschild liest es sich wie Sin City.[2] Die Bewohner leben in völliger Dunkelheit. Selbst bei Tageslicht sind die Räume abgedunkelt. Sonne ist nicht zu sehen. Es fällt oft Regen. Zwischen Verrat und Mord findet man tiefe Liebe und aufrichtige Freundschaft. Eine enge Verbindung zwischen Sex und Gewalt herrscht vor. Männer und Frauen bedienen gängige Stereotype. Er groß und stark, sie verführerisch und schutzbedürftig. Doch selbst der kühnste Held, oder besser gesagt Anti-Held schafft es nicht, dass sich die Welt zum Guten wendet. Frank Miller sagte mal in einem Interview, dass sich seine berufliche Laufbahn mit der Frage nach Heldtum und Männlichkeit beschäftige.[3] Zwischen all der Brutalität und dem Verbrechen ist es auch schwer in dieser Geschichte die Guten von den Schlechten zu unterscheiden. *Sin City* erfüllt die „vier zentralen Charakteristika" des Film Noir: „1. Die Stadt 2. Die Nacht 3. Off-Erzählungen/Rückblenden 4. Licht/Schatten."[4]

Soundtrack

Komponiert wurde der Soundtrack zum Film, bis auf wenige Ausnahmen, von Robert Rodriguez, John Debney und Graeme Revell. Die düster klingenden Werke wurden vom Hollywood Studio Symphony eingespielt. Dadurch, dass die Verfilmung auf drei Teilen des Comics basiert wurde jederm Komponisten genau ein Teil der Geschichte zugeordnet. Revall war für die musikalische Untermalung in *The Hard Goodbye* verantwortlich, Debney bei *The Big Fat Kill* und Rodriguez untermalte *The Yellow Bastard*, sowie Intro und Outro.

Die Musik fügt sich in die dunklen Geschehnisse der Stadt ein und fängt das Gefühl der Beklemmung, Angst und Brutalität Note für Note ein.

Technik

Sin City wurde in High Definition und bis auf die Szenen in der Bar vor einem Greenscreen gedreht. Somit entstand die fiktive Stadt in der Postproduktion am Computer. Zumal es in dem Studio nicht viel Platz gab und die Schauspieler um eine Szene zu drehen in der sie rennen auf ein Laufband steigen mussten. Oft wurden

---

2   Abb. 1
3   Spiegel-Online Interview vom 13.08.2008
4   GROB, 2008, Seite 27ff.

einzelne Szenen auch zusammengeschnitten. Der Zuschauer bekommt das Gefühl, dass die Akteure zum Zeitpunkt des Dreharbeiten in unmittelbarer Nähe zueinander befunden haben müssen, wie bei einer Kampfszene zum Beispiel. Doch in der Realität sah es anders aus. Die Schauspieler wurden Stück für Stück ins Bild montiert. Gedreht wurde in Farbe und anschließend wurde diese bis auf wenige Details entfernt. Somit ist der Film fast ausschließlich in schwarz-weiß zu sehen. Dies gibt im eine besondere Ästhetik. Oft werden Gedanken und Gefühle in einem Voice-over erzählt. Während der Zuschauer die Stimme des Sprechers hört ist meisten keine tragende Handlung zu sehen. Der Zuschauer fühlt sich an die Comicsprechblasen erinnert. Auch gibt es wenig Kamerafahrten, Zooms oder Schwenks. Dass ist auf den Dreh vor dem Greenscreen zurückzuführen. Aber auch auf die Absicht den Charme des Comics so genau wie möglich wiederzugeben. Gespräche wurden oft im Schuss-Gegenschuss-Verfahren geschnitten.

Vergleicht man den Comic mit der Verfilmung so sind viele Panels eins zu eins übernommen worden. Das liegt daran, dass auf ein klassisches Drehbuch verzichtet wurde und stattdessen Frank Millers Comics als Storyboard dienten. Beim Dreh wurde darauf geachtet Szenen möglichst detailgetreu wiederzugeben. Dies ist auch gelungen. Es wurde dadurch erreicht, dass man die filmischen Aufnahmen im Rahmen der Postproduktion direkt über die gezeichnete Originalversion gelegt hat. Dies geschah mit einer speziellen Kamera. Anschließend wurde diese Überblendung digital nachbearbeitet.

Doch bevor dies alles geschehen konnte musste in der Previsualisierung viel vorbereitet werden. Dafür wurde eigens die Firma Troublemaker Digital engagiert. Während dieser Phase wurde nicht nur Skizzen angefertigt und einzelne Szenen geplant, sondern auch digitale Modelle und Masken angefertigt.

Überhaupt scheint der komplette Film ein Spiel mit innovativer Technik zu sein. Rodriguez zeigt dem Zuschauer wie weit man mit technischen Mitteln im Film gehen kann. Die damit erzeugte Künstlichkeit wird demonstrativ zur Schau gestellt.
Es wird mit dem Blick des Zuschauers gespielt. Erscheint ein farbiges Element im Bild, so verlagert sich das komplette Gewicht des Gesehenen auf diesen Fleck. Der Effekt wird bei Blut besonders deutlich.

diegetic limbo

Ausgangspunkt meiner Betrachtung ist John Beltons *Painting by the number.* In diesem Artikel geht es um das digitale Zwischenprodukt, the Digital Intermediate (DI). Über die Farbe im Film *Sin City* schreibt Belton: „They are hallucinatory fragments of color that exist in a diegetic limbo – neither quite inside the story space nor outside of it.“[5] Bei Überlegungen über diese Aussage stellt sich die Frage nach der Bedeutung von „diegetic limbo“. Sicherlich kann man das englische Wort *limbo* mit Vergessenheit übersetzen.   Doch bei meinen Überlegungen habe ich mich mehr mit dem Begriff *limbo* beschäftigt und mich nicht bloß mit einer direkten Übersetzung zufrieden gegeben. Relevant für meine Arbeit ist daher der Fakt, dass es bis vor Kurzem in der katholischen Glaubenslehre die Vorstellung über eine Existenz der Vorhölle, des sogenannten Limbus (engl. limbo), gab. Die Vorhölle bezeichnet den äußersten Kreis der Hölle, in der all die Menschenseelen ihre Ewigkeit verbringen, welche nicht durch Selbstverschulden aus dem Himmelsreich ausgeschlossen werden. Dazu gehören zum Beispiel ungetaufte Kinder oder Menschen die vor der Geburt Christi gelebt haben.[6] Es ist sozusagen der Ort zwischen Himmel und Hölle. Daher auch die englische Redewendung *to be in limbo,* in der Schwebe sein. „Diegetic limbo“ kann somit für das Erzählen einer subtilen Geschichte stehen. Gelb, Grün oder Blau sind nicht nur Bestandteile der filmischen Ästhetik. Es geht auch nicht um das Spielt mit neuer digitaler Technik. Die farblichen Akzente haben eine narrative Funktion.
Im weiteren Verlauf meiner Arbeit werde ich die Zusammenhänge zwischen Handlung und Farbe aufzeigen.

Für meine Betrachtung habe ich die englische Kinofassung verwendet. Abbildungen und Filmausschnitte befindet sich auf der CD-ROM.

---

5 BELTON, 2008, Seite 62
6 Online-Artikel, Katholische Nachrichten, 04. Dezember 2004

Die Farbe Rot.

Rot steht in unserer westlichen Gesellschaft als Symbol für Liebe, Leidenschaft und Erotik. Aber auch für Zorn und Aggression. Es ist eine sehr auffällige Farbe und deutet auf eine Warnung oder ein Verbot hin. Rot ist die Farbe des Blutes und steht somit für das Leben, aber auch für das Nehmen von Leben. Im Film stellt sie einen starken Kontrast zur düsteren Welt von *Sin City* dar. Es scheint niemals Tag zu werden in dieser Stadt. Schwarz und Weiß herrschen vor.

In Verbindung mit Marv tritt Farbe gehäuft auf. Es scheint fasst als würde diese an ihm „haften". Um den Zusammenhang besser zu verstehen ist es sinnvoll mehr über Marv und seine Person zu wissen.

Sein Gesicht ist übersät mit Narben. Ihm ist anzumerken, dass er eine sehr lebhafte Vergangenheit voller Verbrechen erlebt hat. Durch seine Erscheinung ist es ihm nicht mal möglich eine Frau zu kaufen („I wasn't ever able to buy a women." 00:35:47). Marv ist sehr muskulös und stellt mehrmals seine Kräfte unter Beweis. Die Statur ist imposant. Seine Stimme tief. Er erscheint sehr groß. Dieser Effekt wird noch dadurch verstärkt, dass Marv oft aus der Untersicht und in Slow-Motion gezeigt wird. Seine Geschichte beginnt mit einer Sexszene zwischen ihm und Goldie. Er spricht sehr zärtlich über sie („She smells how angels ought to smell." 00:13:29, „The perfect women." 00:13:38) und in der Art und Weise wie er sie berührt ist keine Brutalität oder Gewalt zu erkennen, welche man vielleicht bei seinem Anblick vermuten würde. Marv sagt, sie sei eine Göttin. Nachdem er neben dem Leichnam Goldies aufwacht, stellt Marv sich viele Fragen und möchte wissen wer sie war und wer ihren Tod gewollt haben könnte. Es die Nacht seines Lebens war („Who were you besides an angel of mercy giving a two-time loser like me the night of his life?" 00:14:35). Doch zeitgleich wundert er sich warum sie mit ihm in dieser Nacht zusammen war („I'm sure as hell it wasn't my look." 00:14:40). In diesem Augenblick konnte er sein Glück nicht fassen. Marv hat seine ganz eigenen Regeln, nach denen er lebt und Leben nimmt („No reason to play it any way but my way." 00:15:06, „This is blood for blood [...]" 00:15:05). Er nimmt es sich zur Aufgabe diesen Mord aufzuklären, obwohl er Goldie vor dieser Nacht nicht kannte. Dessen ungeachtet bringt sie ihm eine Wärme entgegen, mit welcher er vorher nicht vertraut war („ [...] you were a friend and more when I needed one." 00:16:05, „She was nice to me, gave me something I didn't even know existed." 00:35:41) und auch er empfindet tiefe Zuneigung für diese „göttliche" Unbekannte („I love you. Goldie." 00:16:32). Obwohl er weiß, dass Goldie ihn nicht geliebt hat und nur seinen Schutz suchte („Somebody wanted you dead and you knew it. So you hit the sallon, the bad places, looking for the biggest, meanest. Look around and finding me." 00:18:48, „ […] she tought i could protect her." 00:33:25) ist sein zukünftiges Handeln nun von der Motivation geleitet, Goldies Tod aufzuklären und ihren Mörder zu fassen.

Marvs Auftreten ist schon in den ersten Augenblicken mit der Farbe Rot verbunden. Da ist zum Beispiel das rote herzförmige Bett in dem Goldie und Marv Sex haben. Es zieht den Blick des Betrachters an sich in der Dunkelheit des Zimmers[7]. Goldie wirkt, wie Marv es treffend beschreibt, wie eine göttliche Gestalt. Ein Engel. Sie hat blonde lockige Haare und rote sinnliche Lippen. Durch den gezielten Einsatz von Licht und Farbe hat der Zuschauer oft das Gefühl Goldie würde strahlen, was den Effekt des transzendenten, engelsgleichen, noch verstärkt[8].

Während Marv vor der Polizei flieht, verletzt er sich. In dieser Szene ist sein Blut rot.[9] Doch es ist nicht immer in dieser Farbe. In einigen Szenen ist es schwarz oder auch weiß. Daher stellen sich folgende Fragen: In welchem Zusammenhang ist Blut schwarz oder weiß und wann ist es rot? Gibt es eine Struktur? Kann man einen Zusammenhang zwischen Handlung und der Farbe Rot erkennen oder wurden farbliche Akzente aus rein ästhetischen Gründen gesetzt? Im weiteren Verlauf der Betrachtung werde ich mich mit der Beantwortung dieser Fragen befassen.

Denken wir nochmal an Goldie. Ihren roten Lippen wirken wie ein Magnet auf den Betrachter. Sie sind nicht nur ein Symbol für Verführung und Erotik. Nach ihrem Tod verlieren sie ihre Farbe und werden schwarz.[10] Somit stehen sie auch für Leben und Menschlichkeit, für ihre Verletzbarkeit. Später, während Marv vor der Polizei flüchtet, schlägt er einige Polizisten nieder. Er tut dies nicht auf eine sadistische Art und Weise. Sondern aus Notwehr. Er möchte flüchten um den wahren Mörder zu finden. Unter diesen Umständen und mit dieser fast schon edlen und heldenhaften Motivation ist sein Blut rot. Er ist körperlich angeschlagen und verletzt, jedoch ist sein Wille stark und er ist fest entschlossen das Geheimnis um Goldies Mord zu

---

7 Abb. 2
8 Abb. 3
9 Abb. 4
10 Abb. 5

lüften. Er handelt aus Liebe.[11]

In einem Zusammenhang agiert Marv sehr gewaltätig und empfindet dabei keinerlei Scham oder schlechtes Gewissen („I love hitmen. No matter what you do to them, you don´t feel bad." 00:20:41). Im Gegenteil. Um an Informationen zu kommen lässt er das Gesicht eines Mannes bei fahrendem Auto über den Asphalt schleifen und sagt dabei zu diesem: „I don´t know how about you, but I´m havin a ball." (00:22:24). Auch später sagt er noch: „I´ve been having so much fun. I forget to take my medicine." (00:24:37). Die Verletzungen die er sich im Zuge dieser Auseinandersetzungen zuzieht hinterlassen keine „farbige" Spuren. Das Blut an seiner Hand ist schwarz. Schwarz ist wissenschaftlich betrachtet gar keine Farbe. Denn nur durch die Abwesenheit von Lichtwellen nehmen wir Schwarz als solches wahr. Im übertragenem Sinne gesprochen verdeckt Schwarz andere Farben. Farben stehen für Emotionen. Positive, wie auch negative. Überträgt man dieses Wissen auf Sin City, kann gesagt werden das Schwarz Grausamkeit kaschiert. Schwarz verdeckt Emotionen wie ein Schleier. Es steht für eine gewisse Leere. Durch Fehlen von Farbe in Blut empfindet der Betrachter kein Mitleid mit dem Blutenden.

Im weiteren Verlauf sucht Marv die Farm des Killers auf und empfindet Empathie mit den Menschen, die hier durch die Hände des Serienmörders auf brutale und unnatürliche Art und Weise sterben mussten („People have died here the wrong way." 00:25:26). Marv wird vom Killer angegriffen. Er wehrt sich. Während dieses Kampfes blutet Marv rot. Der Killer verletzt Marv so, dass dieser für eine Zeit nicht sehen kann und von seinem Angreifer überwältigt wird. Er wacht in einer Zelle auf. Seine Hände und sein Gesicht sind blutverschmiert. Dieses Blut ist rot. Er fühlt sich schlecht, dass er den Angreifer nicht überwältigen konnte um Goldie zu rächen („I found your killer, but he was better than me." 00:26:19). Marv richtet sich nach diesen Worten auf und blickt mit erschrockenem Blick an die Wand. Er sieht Frauenköpfe an der hängen, präperiert wie Jagdtrophäen. Eine der Frauen trägt das Tattoo einer roten Rose auf ihrer Wange.[12] Eine rote Rose steht für die Liebe. Verschenkt man eine einzelne rote Rose so möchte man meistens damit sagen: „Du hast mein Herz gewonnen." In diesem Zusammenhang solch eine Botschaft zu sehen entsetzt Marv, da auch er aus Liebe handelt. In dieser Zelle befindet sich auch seine ehemalige Bewährungshelferin Lucille. Sie offenbart Marv, dass der Killer ein

---

11 Filmausschnitt 1 und Einstellungsprotokoll
12 Abb. 6

Kaniballe ist („He keeps the heads. He eats the rest." 00:26:43). Durch diese Verbindung wird auch noch deutlicher warum die Rose rot ist. Der Zuschauer wird auf einer emotionalen Ebene angesprochen. Er soll verstehen, dass die Protagonisten in den Händen eines brutalen Kannibalen sind und Bedauern für ihre Situation empfinden. Marv zeigt in der Zelle eine zutiefst menschliche Seite. Er kümmert sich um Lucille, da sie völlig neben sich steht. Sie befindet sich in diesem Dilemma, da sie Marv helfen wollte mehr über Goldie in Erfahrung zu bringen. Sie erzähl Marv, dass Goldie eine Prostituierte war (Marv: "What hooker? Lucillie: „That one you´ve obsessing over. The dead one. Goldie." 00:28:20).

Nachdem Marv sich und Lucille aus der Zelle befreit wird er von der Polizei angegriffen, da er immer noch für Goldies Mörder gehalten wird. Er nimmt eine Axt in die Hand und tötet die Männer auf brutale Art und Weise.[13] Blut der Polizisten spritzt rot. Marv geht dabei nämlich äußerst brutal vor. Er tötet die Männer nicht nur, was ausreichen würde um sich seinen Weg in die Freiheit zu erkämpfen. Zum Beispiel schlägt er auf einen Polizisten mehrmals mit der Axt ein, obwohl dieser nicht mehr am Leben ist. Er handelt wie im Blutrausch.

Später gerät Marv in Zweifel. Er weiß nicht ob er die Informationen richtig kombiniert hat und ob wirklich Patrick Henry Roark hinter Goldies Ermordung steckt. („What if I´m wrong? I´ve got a condition. I get confused sometimes. " 00:31:18) Daher begibt er sich zum Prostituiertenviertel Old Town, um Klarheit zu erlangen. Wendy, Goldies Zwillingsschwester, sieht ihn dort und schiesst ihn an. Marv wird von Wendy überwältigt. Er wacht gefesselt auf und Wendy steht vor ihm. Sie schlägt Marv im Glauben, er sei Goldies Mörder. Wieder blutet er rot, denn seine Motivation diesen Ort aufzusuchen war Gerechtigkeit. Er wollte nicht das Leben eines Mannes nehmen, dessen Schuld er noch nicht zu hundert Prozent bewiesen hat („Can´t kill a man without knowing for sure you ought to." 00:31:38). Marv kann Wendy von seiner Unschuld und seinen rechten Motivationen überzeugen. Beide begeben sich zu Kevin, der Serienmörder, Farm. Marv gerät in einen Kampf mit ihm und während dieses Kampfes ist die Farbe seines Blutes wieder rot. Seine Motivation ist stets die Goldies Tod aufzuklären und zu rächen („I won´t let you down, Goldie." 00:36:29).Während des Kampfes verletzt Marv Kevin. Das Blut des Mörders ist auch rot. Wie weiter oben erwähnt ist Rot unter anderem die Farbe von Aggression und

---

13 Filmausschnitt 2

dient dazu Gefahr zu symbolisieren. Rot kann in diesem Zusammenhang als der Vorbote von Gewalt und Grausamkeit betrachtet werden. Marv ist dabei Kevin nicht nur zu töten um so Gerechtigkeit wieder herzustellen. Er schlägt Wendy bewusstlos, da sie Kevin bloß erschießen wollte. Marv möchte aber mehr als bloß Kevins Ableben. Er wünscht sich einen grausamen und qualvollen Tod für ihn (Marv zu Wendy: „ I´m sorry kid, but I haven´t even started with this creep and I don´t want you watching the rest. It´ll give you nightmares." 00:38:04). Er sägt ihm Arme und Beine ab und bindet ihn an einen Baum, damit Kevins eigener Hund ihn frisst. Das Fleisch seiner Wunden ist rot. Marv zündet sich eine Zigarette an und schaut zu.[14] Hier zeigt er eine sehr empfindungslose und sadistische Seite. Marv sägt Kevins Kopf ab. Kevins runtertropfendes Blut ist auch rot, denn Marv hätte ihn erschießen können. Seine Mission wäre getan. Er hätte Goldie gerächt. Ihren Mörder gefunden. Doch er tat es nicht. Es erschien ihm zu wenig. Auch Roark blutet rot als Marv ihm das Leben nimmt. Mit seinen Gedanken bei Goldie, empfindet Marv Genuss während er ihn umbringt („It´s beautiful Goldie. It´s just like I promissed. Only better." 00:43:34). Während dieser Tat stürmen Polizisten das Zimmer und schießen auf ihn. Er wacht in einem Operationssaal auf. Chirurgen versuchen sein Leben zu retten. Das Blut auf ihren Kitteln ist rot. Es ist Marvs Blut. In dieser Szene ist die Bedeutung des Blutes als Lebensspender klar ersichtlich. Sein Leben wird verlängert. Die Operation gelingt. Anschließend verbringt er lange Zeit im Krankenhaus. Er muss künstlich ernährt werden. Ihm wird kein leichtes Ende gesetzt. Es gibt einen Zwischenfall in dem er von Polizisten gefoltert wird. Sie stellen ihm keine Fragen, möchten augenscheinlich nur ein Geständnis für all die begangenen Morde in der Stadt. Sie reichen ihm das Schreiben. Er spuckt auf dieses. Das Blut ist wieder rot. Es hat nicht bloß einen ästhetischen Aspekt, denn das Blut auf seinem Gesicht ist schwarz. Marv innerer Kern ist gut. Marv unterschreibt, da die Polizei droht seine Mutter umzubringen, wenn er sich nicht schuldig bekennt. Er wurde nicht nur für den Mord an Goldie verurteilt, sondern auch für den an Lucille und all die Frauen die von Kevin gegessen wurden. Marv erwartet der elektrische Stuhl. Am Schalter befindet sich eine rote Lampe.[15]Sie deutet auf das kommende genommene Leben hin. In den Augen des toten Marv, kann man das rote herzförmige Bett erkennen. Die „göttlich" wirkende Goldie und ihn.

---

14 Filmausschnitt 3
15 Abb. 7

Rot tritt auch in Verbindung mit Dwight auf. Doch die Intention aus der er handelt ist nicht Liebe, wie bei Marv („The Valkyrie at my side is shouting and loughing with the pure, hateful, bloodthirsty joy of the slaughter – and so am I." 00:00:00). Er stört sich an Shellies Ex-Freund Jack, auch Jackie Boy, und möchte ihn umbringen, so dass dieser Shellie nicht mehr tyrannisieren kann. Dwight Sneakers sind rot.[16] Das erste Mal treten sie auf, als er sich in Shellies Bad verstecken möchte um dort auf Jackie zu warten. Er schafft es ihn einzuschüchtern, so dass Jack die Wohnung verlässt. Dwight hält in für eine Bedrohung („ [...] this guy, he´s a menace." 00:54:32) und folgt ihm bis nach Old Town. Er sagt, es sei zum Schutz der Prostituierten. Doch in Old Town sind die Prostituierten das Gesetzt und schaffen selbst für Recht und Ordnung. Dwght trifft auf Gial, seine frühere Geliebte. Diese nennt in ironisch Lancelot und sagt es sei alles unter Kontrolle („Us girls are safe as we can be, Lancelot." 00:58:42). Als die Katana-Prostituierte Miho, den schon dem Tode geweihten Jack mit ihrem Schwert den letzten Stoß verpassen soll, damit sein Sterben schnell vorbei ist, spritzt sein Blut rot.[17] Denn obwohl seine Absichten Old Town aufzusuchen keine guten waren, wollte Dwight einen schnellen Tod für ihn („... „00:00:00). Doch Miho sah es anders. Erst nach dem Mord bemerkt Dwight das Jack Rafferty ein Polizist war. Da ein Abkommen zwischen der Polizei und den Prostituierten existiert ist es untersagt einen Polizisten in Old Town zu töten. Um einen Bandenkrieg zu verhindern sollen die Leichen aus dem Viertel geschafft und die Tat vertuscht werden. Nach der Tat gibt Becky vor ihre Mutter anzurufen. Im Hintergrund ist Dwights rotes Auto zu sehen.[18] Es deutet mit seiner Signalfarbe auf eine kommende Gefahr hin.

Gial wird von Manute und seinen Männern gefangen genommen. Sie erfährt, dass Becky die Prostituierten an die Polizei verkauft hat. Becky hat die Information über den Mord an einen Polizisten gegen Geld weitergegeben in der Hoffnung sich ein besseres Leben leisten zu können und um ihre Mutter zu schützen („I didn´t have no choice! They was gonna hurt my mom. [...] They offered me what you couldn´t never offer me – a way out." 01:21:58). Sie wollte niemanden verletzen. Es ging ihr um ihre Familie und ein besseres Leben abseits der Prostitution. Gial beißt Becky vor Wut in den Nacken. Beckys Blut ist rot. Sie ging diesen Deal in einer guten Absicht

---

16 Abb. 8
17 Abb. 9
18 Abb. 10

ein und hat Manute vertraut (Manute: "Stuka. Kill this one." Becky: "No, I was promised!" 01:22:24). Gewiss war es Naivität, jedoch keine Bösartigkeit.

Dwights Rot verschwindet nach dem er in den Sumpf fällt. Seine Schuhe sind nun schwarz und sein Auto nicht zu sehen. Denn Rot spielt nun keine Rolle mehr. Ihre Funktion als Warnsignal ist nicht mehr von Nöten. Dwight weiß was zu tun ist und worauf er sich eingelassen hat.[19] Erst als sich alle Prostituierten auf die Dächer von Old Town stellen um Manute und seine Gefolgschaft zu erschießen, färbt sich der Himmel blutrot.[20] Es ist ein Zeichen dafür, dass nun sehr viele Leben genommen werden.

Auch Hardigans Blut ist oft rötlich gefärbt. In einer Szene wird er zusammengeschlagen.[21] Er soll gestehen, dass er Nancys Schänder war, da er den Sohn des Senators, Roark jr., schwer verletzt hat. Roark jr. war Nancys Entführer. Nach 8 Jahren im Gefängnis herhällt Hardigan keine wöchentlichen Briefe mehr von Nancy. Er wird vom Yellow Bastard aufgesucht. Dieser hinterlässt einen Briefumschlag. Rote Blutstropfen sind auf diesem Umschlag[22]. In ihm befindet sich der Zeigefinger einer rechten Hand. Mit rotem Blut an ihm. Dieses Blut deutet auf eine kommende Gefahr hin und ist ein Vorbote für weitere Grausamkeit. Hardigan glaubt, es sei Nancys Finger. Er gibt ein Schuldgeständnis ab und kommt frei. So hat er die Möglichkeit Nancy, von der er glaubt sie sei in Gefahr, zu helfen.

Die Farbe Blau

Jackie Boys Auto ist blau.[23] Er fährt damit von Shellies Wohnung nach Old Town. Dort begegnet er auf der Straße Becky. Ihre Augen sind ebenfalls blau.[24] Dem Zuschauer erscheint es, als würde die Farbe eine Verbindung zwischen diesen beiden Personen herstellen. In der Tat ist es auch so. Becky leitet Information an die Polizei weiter. Sie ist eine Verräterin. Auch spielt diese Farbe im Outro eine Bedeutung. Sie gibt dem Zuschauer die Information, dass der Mann im Fahrstuhl, welcher Becky eine Zigarette anbietet, sie umbringen möchte. Wie wie aus dem Intro wissen ist er

---

19 Abb. 11
20 Abb. 12
21 Abb. 13
22 Abb. 14
23 Abb. 15
24 Abb. 16

ein Auftragskiller („I´ll cash her check in the morning." 00:02:59).

Die Farbe Gelb

Erstmalig kommt Gelb in Form von Marvs Medikamentendose vor.[25] Er erhält sie von Lucille. Die Medikamente helfen ihm sich besser zu fühlen und enthalten höchstwahrscheinlich Psychopharmaka (Lucille: „Go ahead. You´re worse without ´em." 00:17:14, Marv: „This pills come from a girlfriend who´s a shrink." 00:17:27). Wenn Marv seine Medikamente nicht nimmt kann er nicht klar denken und es verschlägt ihn in eine Welt voller Leid und Schmerz.

Eine gelb-goldene Kugel ersetzt Manutes rechtes Auge.[26] Manute verkörpert das Böse. Er versucht einen Bandenkrieg zwischen den Prostituierten und der Polizei in Old Town anzustiften. Für die Frauen würde das einen Rückschlag bedeuten (Manute: „You will all be slaves. Nothing can stop this." 01:13:04).

Die Farbe Gelb steht für einen Alptraum und den Ekel. Ohne seine Medikamente gerät Marv in eine Welt in welche er nicht mehr zurück möchte. Das gelbe Auge steht für all das wovor die Frauen in Old Town Angst haben.

So wie Rot an Marv haftet, so klebt Gelb an Hartigan. Er selbst beschreibt die Umstände als Hölle („Its all gone to hell." 01:45:49). Es ist ein immer wieder kehrender Albtraum aus dem es kein Erwachen gibt. Immer wieder kehr Roark jr. zurück um Nancy Gewalt anzutun. Gelb ist Roark jr. Körper- und auch Blutsfarbe.[27] Nachdem Hartigan Junior, Yellow Bastard, vor acht Jahren stark im Genitalbereich verletzt hat, musste dieser Medikamente einnehmen, die starke Nebenwirkungen zur Folge haben. Daher seine gelbe Färbung und der Gestank („He (Juniors Vater) spent a fortune hiring every expert on the planet to grow back that equiqment you blew of from between my legs, so the old fart can hold out some kind of hope of having a grandkid Although, you can see, there were some kind of side effects.„ 01:46:00). Roark jr. steht für Ekel. Seine Färbung hat die selbe Farbe wie Jacks Erbrochenes.[28]

---

25 Abb. 17
26 Abb. 18
27 Abb. 19 und Abb. 20
28 Abb. 21

Es steht für die Angst und in Hartigans Fall ist es die Horrorvorstellung, dass alles außer Kontrolle gerät und er Nancy nicht beschützen kann („She'll scream. I'm gonna take all night doing dear old Nancy." 01:47:04).

Im Film finden sich viele christliche Symbole, auf die ich nicht eingehen kann. Bei der Betrachtung der kulturellen und historischen Bedeutung von Farbe ist es sinnvoll auf die christlich-ikonographische Sichtweise einzugehen.

In der Offenbarung des Johannes finden wir folgende Worte:

> Und ich sah, und siehe, ein fahles Pferd. Und der daraufsaß, des Name hieß Tod, und die Hölle folgte ihm nach. Und ihnen ward Macht gegeben, zu töten das vierte Teil auf der Erde mit dem Schwert und Hunger und mit dem Tod und durch die Tiere auf Erden.[29]

In anderen Übersetzungen wird das Pferd als gelb bezeichnet.[30]Dadurch, dass der vierte apokalyptische Reiter Tod, Krankheit und Hunger kennzeichnet wurde auch die Farbe Gelb verstärkt seit dem Mittelalter mit negativen Aspekten behaftet. Doch selbst schon im Alten Rom, welches nicht christlich war, zum Beispiel war Gelb die Farbe der Prostituierten. Je nach Ort mussten diese Frauen eine meist gelbliche Kennzeichnung an ihrer Kleidung tragen. Sie waren Randgestalten der Gesellschaft und somit Außenseiter. Da erstaunt es wenig, dass auch Ketzer im Mittelalter während ihrer Hinrichtung ein gelbes Kreuz um den Hals tragen mussten. Papst Innozenz III wies im Jahre 1215 das tragen eines „Judenhutes" oder einen farblichen Kennzeichnung an der Kleidung für Juden an. Über viele Jahrhunderte hinweg mussten Juden eine stoffliches Erkennungszeichen tragen. Die Form wechselte, nur nicht die Farbe. Bei Ausbruch der Pest wurde in europäischen Städten eine gelbe Fahne gehisst. Randgruppen mussten über die Geschichte hinweg gut erkennbar sein. Es sollte allen anderen Möglich sein, sie schon von Weiten zu sehen. Gelb ist gut sichtbar. Am Tage wie auch in der Nacht. In Kombination mit Schwarz dient es als Warnung. In der Natur, wie z.B. bei Bienen, Hummeln, aber auch im Straßenverkehr oder als Etikett. Es warnt vor giftigen Inhaltsstoffen oder auch vor Lebensgefahr,

---

29 Offenbarung 6:8, Lutherbibel 1912
30 Textbibel des Alten und Neuen Testaments, 1899

wenn es in der Nähe von Hochspannungsleitungen platziert wird.

Behält man diese Information im Hinterkopf, so erscheint es nun viel passender das Roark jr. eine gelbe Körperfarbe besitzt. Wie schon weiter oben erwähnt wird das Stadtbild von Schwärze und Schatten dominiert. In dieser Dunkelheit sticht der Yellow Bastard stark hervor. Er ist wie ein Warnsignal. Wie die Personifizierung des Bösen, giftig bei Berührung.

Schlussfolgerung

Jede Farbe sagt etwas aus:

Blau steht für Information.

Gelb steht für Ekel, Alptraum und Wahnsinn.

Rot steht für Menschlichkeit.
Und damit Menschlichkeit in all seinen Facetten. Mensch sein bedeutet auch, dass wir sterben müssen. Daher ist Rot auch ein Sinnbild für Leben. Rot wird in der filmischen Umsetzung eine hervorgehobene Rolle zugesprochen. Dadurch das im Film viel Blut vergossen wird, wird der Zuschauer oft mit dieser Farbe konfrontiert. Psychologisch betrachtet weckt Rot zur Alarmbereitschaft. Steht rotes Blut für Menschlichkeit, so steht im Gegensatz dazu gelbes, weißes oder schwarzes Blut für menschliche Leere und Seelenlosigkeit. Sprich für das Unmenschliche.

Der Stil Schwarz-weiß Filme mit Farbnuancen zu kombinieren ist wahrlich nicht neu in der Filmwelt. Doch die Art und Weise wie es bei der Comicverfilmung zu *Sin City* geschah ist eine neue Dimension. Denn hier geht es nicht nur um farbliche Akzente oder Ästhetik. Der Farbträger wird zu jemand besonderem. Farbe hat eine narrative Funktion. Um diese Lesart deuten zu können muss der Zuschauer es emotional übersetzen. Handlung und Motivation des Charakters hinterfragen.

Einstellungsprotokoll zu Filmausschnitt 1:

Legende: Totale (T), Halbtotale (HT), Nahaufnahme (N), Aufsicht (AS), Kameraschwenk (S), Kamerafahrt (KF), Zoom (Z), Marv (M), *Goldies Dead* (GD)

Nr.	Sek.	Kamera	Beschreibung	Ton
1	01	HT	Bewaffnete Polizisten laufen durch das Treppenhaus	Soundtrack *Goldies Dead*, Schritte
2	02	N	M.s Hand, öffnet und schließt die Kappe seines Feuerzeugs	Soundtrack GD, Geräusch der Kappe beim Öffnen und Schließen
3	03-07	HT	M.s Gesicht, er lehnt an d. Wand neben der Tür	Soundtrack GD, Klopfen, Polizist: „Open up, police!", Ton wie das Öffnen der Feuerzeugkappe, Marv: „I´ll be right out."
4	07-08	T	Treppenhaus, Tür wird von innen aufgeschlagen, Polizisten fallen über Treppengeländer, Marv kommt aus dem Zimmer	Soundtrack GD, Aufbrechen der Tür, Holzteile fallen auf d. Boden
5	09	T	M. schlägt Polizisten	Soundtrack GD, Schlaggeräusche
6	10	AS, S	M. steigt über liegende Polizisten, springt Geländer runter	Soundtrack GD, Schüsse
7	11-12	HT, KF	M. fällt	Soundtrack GD, Schüsse
8	12 - 20	N, S	M. fängt sich am Geländer ab, springt über d. Geländer, kniet, blickt hinter und dann vor sich	Soundtrack GD, Schüsse, Schreie
9	20 – 22	T	M. springt aus dem Fenster	Soundtrack GD, Scheibe zerspringt
10	22-24	HT, KF	M. fällt	Soundtrack GD, Windgeräusche
11	25	T	M. fällt in Müll, kriecht aus diesem	Soundtrack GD, Windgeräusche, Flaschen fallen
12	26	FP	M. steht	Soundtrack GD, Sirenen
13	27-28	T, Z	herannahendes Polizeiauto, M.s Gesicht wird angestrahlt	Soundtrack GD, Sirenen
14	29	HT	M. springt i. d. Frontscheibe des Autos	Soundtrack GD, Sirenen, Zerschlagen der Scheibe
15	30	N	Innenansicht Auto, Marv tritt durch die Scheibe	Soundtrack GD, Sirenen, Zerschlagen der Scheibe
16	31-32	T, KF, S	Polizeiauto fährt, hält an	Soundtrack GD, Sirenen

Nr.	Sek.	Kamera	Beschreibung	Ton
17	33-34	N	M. schlägt Polizisten	Soundtrack GD, Sirenen, Schlag
18	35-36	HT	M. schubst Polizisten aus d. Auto, setzt sich ans Steuer	Soundtrack GD, Sirenen
19	37-40	T	M. wirf weiteren Polizisten aus d. Auto, fährt davon	Soundtrack GD, Sirenen, Schrei, Voice-over
20	40-47	N	M. am Steuer, raucht	Soundtrack GD, Voice-over
21	47-56	T	Steg, M. rast, Auto fällt i. Wasser, sinkt	Soundtrack GD, Voice-over, Fluggeräusch + Aufplatschgeräusch
22	56 – 01:07	HT	M. schwimmt	Soundtrack GD, Voice-over, Schwimmgeräusche
23	01:08 – 01:13	HT, KF	M. schwimmt durch Kanal	Soundtrack GD, Voice-over, Schwimmgeräusche
24	01:14	HT	M. kommt aus der Kanalisation raus	Sirenen, Helikopterfluggeräusche
25	01:21	N, KS	M. steht wackelig	Sirenen, Helikopterfluggeräusche
26	01:21	N	M. blickt um die Mauerecke	Sirenen

Bibliographie:

BELTON John, Painting by the Numbers: The Digital Intermediate, in FilmQuarterly, Jg. 61, Nr. 3, 2008, S. 58-65

GROB Norbert, Filmgenres, Film noir, Philipp Reclam jun., Stuttgart, 2008

http://www.spiegel.de/kultur/literatur/comic-kultautor-frank-miller-die-griechen-hatten-goetter-wir-haben-supermaenner-a-571473.html (Stand: 27.03.2014)

http://www.kath.net/news/9086 (Stand: 28.03.2014)

Filmographie:

SIN CITY, Sin City, USA, 2005, Dimension Films / Troublemaker Studios, Produzent: Elisabeth Avellan, Regie: Robert Rodriguez, Frank Miller, Gastregie: Quentin Tarantino, Schnitt: Robert Rodriguez, Kamera: Robert Rodriguez, 124 min., FSK „Keine Jugendfreigabe"